POUR QUOI ES-TU FAITE?

C'est le temps d'entrer dans ta destinée

LESLIE PASSERINO

POUR QUOI ES-TU FAITE ?

Éditions Leslie Passerino International

8240, rue Agathe, Laval, Qc, H7A 3B3.

http://lesliepasserino.com

Couverture : Vanessa Andréas (http://lapapetdor.com)

Bible utilisée : version Louis Segond

Dépôt légal – Bibliothèque et Archives nationales du Québec, 2017.

Dépôt légal – Bibliothèque et Archives Canada, 2017.

Imprimé au Canada.

ISBN: 978-2-9816478-0-1

978-2-9816478-1-8

978-2-9816478-2-5

Dédicace

À Christ, qui a transformé une vie morte en danse de louange et de gloire.

Au St-Esprit qui m'a appris à m'aimer, à écouter et à m'aligner dans SA volonté parfaite.

À Sébastien, mon amour, mon coéquipier, mon coach, ma plus grande moitié.

À Quentin, Isaac et Galia, les fruits vivants aux pieds de l'arbre, votre cœur rempli de compassion et votre amour ne cesseront jamais de m'émerveiller.

À tous ceux qui ont pensé qu'on ne pourrait rien faire avec moi, Dieu a pris une chose folle de ce monde pour confondre les sages.

Remerciements

Avant toute chose, j'aimerais remercier Jésus, oui, Jésus. Pour beaucoup, on pourrait dire « Bah là, Leslie ! », mais les gens qui connaissent l'ampleur de mon témoignage, de la transformation et de la joie qu'Il a apporté dans ma vie peuvent comprendre combien Il a la première place. En effet, sans Lui, ma vie serait triste et insipide. Il m'a renouvelée, et a permis d'entrer dans mon appel, certes, mais également de découvrir ma réelle identité, celle de l'amour inconditionnel. Seigneur, tu as fait de ma vie une danse d'amour, un chant de louange et toute la gloire t'appartient, tant dans ce livre que dans chacun de mes actes.

Je remercie mon magnifique mari, Sébastien ainsi que nos trois trésors : Quentin, Isaac et Galia. Vous me permettez de devenir meilleure, un jour à la fois. Si le monde devait cesser demain, vous seriez ma plus grande bénédiction.

Jamais, jamais, je n'aurais pu y arriver sans vous, sans vos encouragements et même parfois vos ultimatums devant ma peur de l'inconnu.

Merci également à tous ceux qui forment « ma communauté, ma tribu » : Pasteurs Mike et Toni, des pasteurs comme il en existe peu sur terre, prêts à aimer encore et encore, à pousser l'aiglon en dehors du nid afin qu'il vole, mais plus que des pasteurs, vous êtes notre frère et notre sœur ; Benoit et Tricia, vous êtes des trésors, merci de nous aimer si fort et de croire en moi ; Charlotte, ma meilleure amie, sans toi ni ton exigence, je n'aurais pu aller aussi loin ; Cassandra, Jean-François, Christian, Livia, Scarlène... Merci de nous aimer, de nous avoir acceptés comme membres de vos familles, frères et sœurs. Sans vous, nous n'en serions pas là et je n'aurais pas osé pousser dépasser mes limites. Merci de votre patience et d'aimer nos enfants comme vos neveux et nièces. Vous avoir tous avec nous est une immense bénédiction.

Merci à nos parents (Carroll, Renaud, Fabienne et Jean-Jacques) de nous aimer tels que nous sommes, de m'accepter telle que je suis, dans ma pleine imperfection et mon non-conformisme. Cette acceptation m'a permis de franchir de nombreuses montagnes et votre foi en nous, vos prières, vos bénédictions manifestent aujourd'hui leurs fruits.

Merci à Cyndi Ghys, mon amie de cœur, pour la correction de cet écrit et son soutien. À Vanessa Andréas, qui a créé cette magnifique couverture, elle est si admirable, patiente et créative.

Je vous dédicace à tous ce premier livre, car c'est aussi grâce à vous si je suis entrée dans mon appel, ayant découvert ce pour quoi je suis faite. Je vous aime.

Table des matières

Préface

Par ce livre, je t'offre un voyage qui te permettra de découvrir ce pour quoi tu es faite, une étape à la fois. Ne pense pas que je sois « Marraine La Bonne Fée », non, vraiment pas. Ton appel est déjà là, en toi, depuis toujours, depuis que Dieu t'a créée avant que tu ne sois là.

Dans notre époque des temps modernes, nous pensons que nous devons inventer la roue, être le numéro 1 de ce monde, la plus forte ou encore nous pourrions penser que nous n'avons rien à offrir, rien de pertinent... Dans un cas comme dans l'autre, ce sont des mensonges.

Nous sommes toutes appelées à manifester la gloire de Dieu au travers de notre appel... Mais comment faire lorsque nous ne connaissons pas ce dernier ? Voici exactement la mission de cet écrit. Lorsque le Seigneur m'a montré ce besoin, je me suis dit :

« *Pourquoi ? Tout le monde connaît son appel, non ?* » et sa réponse fût « *combien a-t-il fallu de temps pour que tu trouves le tien et comment as-tu fait ?* ». D'accord... Jésus : 1, Leslie : 0 !

Comme tu peux lire ces phrases, ce livre ne se veut pas disciplinaire. Bien au contraire, ensemble nous allons discuter, comme si nous prenions un café. Je vais te partager mon expérience, mais également mon expertise et les révélations faites par le Seigneur. Mon seul désir est que tu puisses (enfin) entrer dans ton appel et t'y épanouir. Jésus a besoin de toi, Il a besoin que tu touches les âmes que toi seule es capable de toucher...

Prête à l'aventure ? Alors, prépare ton carnet de notes et allons-y.
Une dernière chose, contrairement à certains auteurs, je vais commencer à te parler des « bonnes choses », te montrer l'avenir qui pourrait t'attendre si tu choisissais de marcher dans ton appel, puis nous partirons à la guerre, nous battre contre tes plus féroces ennemis pour finalement reprendre la victoire et la remettre à qui de droit : Dieu.

Une traversée tumultueuse

Le début d'une grande histoire

Je ne pensais pas qu'arriver jusqu'ici aurait été si difficile, long, laborieux et bien souvent pénible. Peut-être en aurait-il été autrement si j'avais su, bien avant, tout ce que je sais aujourd'hui. Surtout si j'avais su écouter. Mais écouter qui, mes parents ? Mes amis ? Noooon... L'écouter LUI, le souffleur de secrets, l'être le plus doux, le plus romantique, le plus concerné par mon bien-être et le tien... Dieu. Oui, Dieu. Je n'ai connu et personnellement rencontré le Seigneur qu'à 28 ans, en septembre 2004... Et ce fût un choc vraiment violent, aussi violent que la partie de ma vie où je n'avais pas le privilège de l'avoir à mes côtés. Notre rencontre fût digne de celle de Paul (oh, mais Leslie comment oses-tu ?! Non c'est vrai !) ... Mais je réalise, en écrivant, que je ne me suis pas présentée, pardonne-moi. Alors, reprenons depuis le départ...

Bonjour, je me présente, Leslie Passerino, la femme qui a (enfin) compris à quoi elle servait et pour quoi elle était faite après plus de 30 ans d'existence sur Terre. Comme quoi, il n'est jamais trop tard. Pendant des années, j'ai cherché partout, même sous le moindre caillou quel était mon appel. Je dirais qu'avant le Seigneur, mes démarches ne comptaient pas vraiment, car elles étaient pleinement centrées sur mon égo et ma réussite personnelle. Mais en même temps, je m'interrogeais déjà concernant mon utilité dans la vie, sur l'impact que je laisserai dans ce monde une fois mon histoire terminée. J'ai toujours pensé que la vie était plus que juste « métro, boulot, dodo, dépense ton argent et fais la fête ».

Après mon face à face avec Jésus, ce fut le début de la plus merveilleuse histoire qui soit : la découverte de mon identité en Lui, de mon appel pour Lui et des fruits manifestés au travers de la vie des autres... Bref l'aventure et la promesse d'une vie merveilleuse, celle qu'Il a écrite pour moi, pour Lui, pour le Royaume.

Au début, comprendre pour quoi j'étais faite était flou, conflictuel vis-à-vis de moi-même, de mon éducation, mais également des attentes d'autrui. Entre ce que je voulais, ce que mon entourage voulait et ce qu'Il voulait...eh bien ! Rien ne se faisait, jusqu'à ma première crise identitaire (dur moment).

On ne s'aperçoit pas que nous avons un problème tant que nous n'avons pas le nez dedans et c'est ce qui s'est passé dans mon cas. Arrivée à un carrefour tordu de ma vie et lors d'une grosse discussion un soir de semaine avec mon époux, l'interrogation arriva subitement via une simple question : « quelle couleur aimes-tu vraiment ? » me demanda-t-il. Ma réponse fut : « dis-moi ce que tu veux entendre et je te le dirai ». Je te l'ai dit, une véritable crise identitaire, mais sous ce simple échange se cachait une terrible vérité, j'étais la femme caméléon qui ne connaissait pas à quoi elle servait. OUPS ! Retour case départ…

Bon Jésus, mon nom est Leslie, dis-moi, à quoi je sers exactement dans ce monde ? Montre-moi, apprends-moi… Et c'est ce qu'Il fit une étape à la fois. Non pas juste en me mettant dans le feu de l'action, mais en renouvelant mon esprit, ma connaissance, mon attitude. Et c'est exactement le sujet principal de ce livre, non pas mon appel, mais le tien.

Cela m'a pris plusieurs années à comprendre, à digérer toute cette transformation, à mettre en pratique chaque chose et à apprécier chaque étape. Je vais te raconter ça au fur et à mesure des étapes. Et quel en a été le résultat ? Je marche pleinement dans mon appel aujourd'hui. Ma vie et ma relation avec Christ, le St-Esprit et Dieu se sont approfondies, devenant un partenariat unique et précieux, intimement lié avec le Royaume dans un but précis, voir le plan de Dieu pour les âmes se manifester au travers de ma simple vie. Depuis plusieurs années maintenant, je marche côte à côte avec la trinité, dans la pleine connaissance de qui je suis, en qui je vis et pour quoi je suis faite.

Cela n'a pas fait que renforcer mon identité, cela m'a permis de comprendre les obstacles, la résistance, les impacts de ma foi et de repousser mes plus féroces ennemis. Au travers de ce voyage, Dieu m'a fait un des plus beaux cadeaux, le discernement et l'affirmation de mon être. Suis-je arrivée à la fin ? Non, bien sûr que non, mais toi, moi et toutes celles qui marchent dans notre appel sommes, telles des fleurs, nous mûrissons et nous épanouissons au contact de Sa présence et de Son amour. Mais peut-être te demandes-tu quel est mon appel ?
C'est très simple :

Partie 1 :

En enseigner, équiper, édifier les femmes dans le corps de Christ à devenir plus fortes en LUI, plus ancrées dans la Parole et marchant pleinement dans leur appel ;
Activer les dons et talents des femmes ;
Préparer l'épouse de Christ.

Partie 2 :

Restaurer l'identité, l'intimité et l'unité dans le corps de Christ au travers de la Parole et du mouvement.
Aider l'épouse de Christ à saisir l'impact de l'adoration.

Partie 3 :

Aider, guider et équiper les couples mariés afin que leur mariage soit fort, puissant et conforme au cœur de Dieu.

Depuis que j'ai dit « oui », ce qui m'a pris tout mon courage, je vois des vies transformées, libérées et passionnées pour le Royaume de Dieu. Alors si je l'ai fait, tu peux le faire aussi... Après tout, je ne suis que Leslie et tu es toi, et toutes deux, nous sommes les filles de Papa.

PREMIÈRE PARTIE : QUOI, POURQUOI ET COMMENT ?

Qu'est-ce que l'appel ? À quoi cela sert-il ?

En as-tu un ?

POUR QUOI SUIS-JE FAITE ?

Est une des questions que la femme chrétienne se pose le plus et c'est bien normal, elle a besoin de se sentir utile. Je me souviens que ma vingtaine a duré une éternité, simplement parce que je ne trouvais en moi aucune utilité quant au bon développement de la société, de la protection des animaux ni même sur l'embellissement de la vie humaine... J'étais juste là, à remplir une case portant mes initiales. En plus mon côté dramatique, style tragédie italienne était à son apogée. Pas facile, vraiment. Et le pire dans tout ça, est que cette période a duré 10 ans (alors, dis-toi que si tu lis ce livre à moins de 30 ans tu vas gagner du temps, je t'assure).

Mais qu'est-ce que l'appel en fait ? Voyons d'abord le côté de notre Créateur.

- C'est l'obligation de Dieu en pourvoyant aux besoins de ses enfants dans le but de leur démontrer son amour, mais également en les conduisant à la liberté et vérité au travers de ceux et celles qui osent dire « me voici ».

Avant d'aller plus loin, clarifions un point quant au mot « obligation ». Dieu n'est pas *obligé* dans le but de nous *servir*. Il est *obligé* à cause de l'*amour* qui le presse pour nous, sa création, la prunelle de ses yeux, tel un père envers son enfant. En effet, Dieu a un but exécutif précis : que nous connaissions tous son amour. Mais qui dit tous, dit des gens totalement différents les uns des autres ; et pour les rejoindre, cela prend des appels bien uniques (donc ici, pas de place pour la jalousie ni l'envie !). Par conséquent, l'appel n'est pas une option, mais une solution, la sienne pour ceux que tu vas toucher.

- L'appel est aussi le moyen qu'il va utiliser pour toucher les âmes, les consoler, les guérir, restaurer, secourir ou les équiper, guider, redresser par le canal de TA vie.

Ce que tu dois comprendre ici :

Tu es appelée parce que tu es aimée, tu es appelée parce qu'Il aime ton prochain.

L'Éternel dit : J'ai vu la souffrance de mon peuple qui est en Égypte, et j'ai entendu les cris que lui font pousser ses oppresseurs, car je connais ses douleurs. Je suis descendu pour le délivrer de la main des Égyptiens, et pour le faire monter de ce pays dans un bon et vaste pays, dans un pays où coulent le lait et le miel, dans les lieux qu'habitent les Cananéens, les Héthiens, les Amoréens, les Phéréziens, les Héviens et les Jébusiens. Voici, les cris d'Israël sont venus jusqu'à moi, et j'ai vu l'oppression que leur font souffrir les Égyptiens. ***Maintenant, va, je t'enverrai auprès de Pharaon, et tu feras sortir d'Égypte mon peuple, les enfants d'Israël. Moïse dit à Dieu : qui suis-je, pour aller vers Pharaon, et pour faire sortir d'Égypte les enfants d'Israël ? Dieu dit : Je serai avec toi ;*** *et ceci sera pour toi le signe que c'est moi qui t'envoie : quand tu auras fait sortir d'Égypte le peuple, vous servirez Dieu sur cette montagne* (Exode 3.7-12).

Il envoie là où le besoin réel est. Lorsque je méditais sur mon appel dans « ma jeunesse », je me voyais comme la Rockstar du design d'événements privés thématiques ; en effet, avant d'entrer de mon plein gré dans mon appel (je vais raconter cette histoire sous peu), je réalisais des événements thématiques haut de gamme pour des gens bien nantis... Mais ce n'était pas ce qu'Il voulait, car, ici, je ne lui étais pas utile. Et le problème est qu'Il avait besoin de moi d'une manière qui lui est propre.
Traduction :

Ton appel n'est pas ce que tu veux, mais manifester Sa gloire avec ce qu'il a mis en toi.

Voyons maintenant ce qu'est l'appel du côté de l'homme :

- Un acte d'amour envers Dieu ainsi qu'envers les âmes.
- Un acte profond d'obéissance, car l'appel n'est définitivement pas centré sur nous.

Et c'est là que mon « Oups moment » (à prononcer à l'anglaise s.v.p) arrive. Voici la fameuse histoire...

Il y a plusieurs années, je me suis retrouvée en Afrique du Sud pour affaires. Mais pas n'importe où, non, au fin fond de la nature ; là où les éléphants, les singes, les girafes et les rhinocéros sont aussi communs que les écureuils à Montréal et les pigeons à Paris, mais où, par contre, le WIFI est aussi rare que le fait de trouver des pommes biologiques au Pôle Nord. Déjà dans l'avion, je savais que quelque chose se préparait pour moi dans le Ciel... Un tête-à-tête appointé avec mon Papa et je cherchais justement des réponses sur certains sujets depuis un bon moment.

Arrivée là-bas, je réalisai qu'Il m'avait posée dans un cadre tel le jardin d'Eden (bon sûrement en moins riche et parfait) : un lac, des animaux sauvages et des tentes bien espacées... Nos rencontres étaient, comme à l'habitude, délicieuses et remplies de Sa présence, mais j'avais soif d'encore plus de LUI.

Puis un soir, alors que je sortais de la douche en chantant du Jesus Culture à plein gosier, Il entra dans le petit espace où je me trouvais... Sa présence fût si forte, qu'il m'était impossible de me tenir debout et Il me dit :

- Tu sais ma fille, tout ce que tu connais est maintenant terminé, tu vas quitter ce que tu fais.
- Mais Seigneur, répondis-je, je ne peux pas faire ça, regarde la porte qui s'ouvre ici pour moi. Après tant d'années de travail acharné, je vais enfin réussir.
- Réussir, oui, me dit-il, mais pas là où JE t'appelle à œuvrer pour MA

gloire et MES enfants.

- .... *Euh...*

Moment de silence... « Ne quittez pas, votre appel est important pour nous, notre département traite votre dossier » me disait chaque cellule cérébrale...

- *D'accord Seigneur, donc si je comprends bien... Tu veux que je quitte tout ce que j'ai bâti pour toi (et pour moi) et que je reparte (encore) du début, comme une nouvelle ?*
- *Si dès le départ, tu avais dit « envoie-moi », tu aurais été là où J'aurais voulu que tu sois. Elles ont besoin de moi et tu es le canal pour cela.*
- *D'accord, mais Seigneur, je n'ai rien à leur apporter.*
- *Moi oui ! Donc lorsque tu rentres, l'événementiel, c'est fini pour toi. J'ai besoin que tu leur enseignes qui elles sont, pour quoi elles sont faites, je veux que tu leur parles de MOI et de mon amour pour elle.*

Au moment où j'allais jouer ma dernière carte, ma mémoire me frappa de plein fouet et à la vitesse de la lumière...

> *Voici, l'obéissance vaut mieux que les sacrifices, et l'observation de sa parole vaut mieux que la graisse des béliers* (1 Samuel 15.22).

Cela ne te rappelle pas une histoire « où il était une fois un homme qui s'appelait Moïse » ? Oui...Soupirs... Et le coup de grâce arriva.

Mes synapses m'envoyèrent une toute dernière information : un des versets sur lequel ma vie est bâtie.

> *Cherchez premièrement le Royaume et la justice de Dieu ; et toutes ces choses vous seront données par-dessus* (Matthieu 6.33).

Alors, revoyons les dernières lignes écrites avant mon témoignage. Ce qu'est l'appel du côté de l'homme :

- Un acte d'amour envers Dieu ainsi qu'envers les âmes.
- Un acte profond d'obéissance, car l'appel n'est définitivement pas centré sur nous.

Voilà, tout est dit. Que s'est-il passé ensuite ? Je suis rentrée à Montréal (le cœur un peu brisé, mais déterminé à plaire à Papa), j'ai appelé tout le monde dans l'industrie en disant clairement que je quittais parce que cela n'était plus ma place, ce n'était pas l'appel sur ma vie. Un mois plus tard, une femme que je ne connaissais pas m'appelait, m'invitant à venir faire des conférences au Maroc sur le développement personnel auprès des femmes, tous frais payés. J'étais sous le choc. Il m'envoyait au Maroc pour aider les femmes à sortir de l'échec, à découvrir leur identité, atteindre leurs objectifs et passer par le processus du pardon...
Wow, seul Papa peut faire ça !

L'obéissance vaut mieux que les sacrifices, oui ; mais comment obéir lorsque nous ne savons ni qui nous sommes, ni pour quoi nous sommes là ? Ou encore si nous ne connaissons pas l'impact et le concept même de l'appel ? Pas facile tout ça, n'est-ce pas ?

Marchons un pas à la fois... L'appel, oui, mais pour quelle raison finalement ?

- L'appel est un pilier qui, au travers de ta vie, s'impose dans une sphère spécifique (répète le dernier mot s.v.p. : SPÉ-CI-FI-QUE). Si tu te prépares comme il se doit, alors, au travers de ton appel, tu apporteras des solutions claires et tangibles, mais également un nouveau standard : le Sien.
- Le Seigneur, via l'appel, apporte le changement et la lumière là où il n'y a rien (Ex. : l'espoir, la liberté, l'innovation, etc.). Ils sont nécessaires pour aller à la prochaine étape dans toutes les sphères de la société et de l'humanité (ex : médecine et santé, nutrition, technologie, finance, politique, média, histoire, etc.).

Un point vital à saisir : l'appel n'est pas juste pour les gens étant attachés aux cinq ministères, non Madame ! L'appel est pour tous. Cependant, nous devons comprendre que pour être « appelé(e) », il faut être nommé(e) ; et seul, celui qui nous a créés(e) peut nous appeler par notre prénom divin en connaissant chaque point de notre caractère. C'est une partie un peu difficile à comprendre pour les non croyants et les athées, car seul le Seigneur dans l'intensité de son amour peut nous révéler la profondeur de notre appel.

> *Car mes pensées ne sont pas vos pensées, et vos voies ne sont pas mes voies, dit l'Éternel* (Ésaïe 55.8).

Il n'y a aucun jugement ici, et ce n'est pas parce que tu ne cries pas haut et fort que tu es une enfant de Dieu que tu n'en es pas une. Je sais aussi que lorsque tu cherches à découvrir ton appel, ta mission, raison d'être ou autre nom utilisé, que tu croies en Dieu ou non, tu seras finalement obligée de le rencontrer, car LUI seul détient tes réponses... Tout est une question de désir.

Pour clore la section du « quoi et pourquoi », nous devons garder en tête une image bien simple. Notre histoire et notre humanité font partie d'une sorte de grosse machine (tout comme le corps humain), dont chaque membre, rouage ou engrenage a besoin du suivant et du précédent pour fonctionner comme il se doit. Dans ces membres, il y a toi, moi, chacun de nous. Quand nous répondons à notre appel ET que nous marchons dedans, alors les choses deviennent évidentes (mais cela ne signifie PAS qu'elles sont pour autant faciles), le monde change, évolue de gloire en gloire ; tu sais ce que tu dois faire et tu le fais avec passion, peu importe les circonstances, car l'histoire et le mouvement se poursuivent au travers de toi, de moi, de chacun de nous...

À retenir :

Notre humanité et notre histoire sont comme le corps de Christ, chacun a sa place, son utilité, sa nécessité d'être.

Mais finalement en as-tu vraiment un ?

Bien sûr quelle question ! Même si tu as un appel, comme tout le monde, cela ne signifie pas pour autant que tu l'acceptes (malheureusement pour Dieu). Des tonnes de gens ont dit « oui » et ont participé au changement des choses, à l'avancement de notre monde, voyons quelques exemples :

- Au niveau biblique : Paul, Moïse, Esther, Déborah, Yahel (la femme d'Heber), Josué...
- Dans notre histoire : Léonard de Vinci, Thomas Edison, Martin Luther King, Abraham Lincoln, Nelson Mandela, mère Térésa, Louis Pasteur, Reine Victoria, Pierre et Marie Curie, Amelia Earhart, etc.
- Au quotidien : ceux qui sont morts aux combats pendant les guerres, les architectes permettant de créer des structures résistant aux tremblements de terre, les profs, les coaches, les pasteures... TOI !

Pourquoi toi ?

Est la question

Demande-toi :

Qu'as-tu, qu'ai-je, qu'avons-nous de si exceptionnel pour que toi et moi soyons appelées ?

En fait, nous avons tout ; et il se manifeste au travers de notre témoignage personnel (qu'il soit gentil, simple, radical, intense ou autre). Avec Dieu, tout a une importance capitale, une signification, une raison d'être. Au départ, tu ne pourrais pas être d'accord avec moi si tu penses à certaines de tes situations passées et pourtant...

Avec Papa, chaque détail, larme, soupir, victoire a un double but : se glorifier dans ta vie et toucher les autres à travers ça. Tu n'as pas à inventer la roue, puisqu'Il l'a déjà fait pour toi. Laisse-moi te donner des exemples...

Dès le départ, ce ne fut pas « facile » pour moi (mais je ne me plains pas attention). J'ai été abusée sexuellement (7 ans), verbalement (longtemps), spirituellement (35 ans) ; j'ai vécu le divorce de mes parents (7 ans), mon père a été assassiné (11 ans), j'ai été boulimique (16-18 ans), je me suis droguée (16-27 ans), j'ai vécu dans le monde de l'occultisme avec ferveur (10-28 ans), j'ai échoué en entreprise (29 ans), j'ai vécu dans la pauvreté (30-32 ans), j'étais rebelle (trop d'années), j'ai failli divorcer (28 ans), un de nos enfants est devenu diabétique insulinodépendant dès l'âge de trois ans (30 ans), etc.

Mais quel est le résultat de ce splendide témoignage de vie ? Eh oui, je dis bien « splendide » consciemment. Il n'y a rien que je ne puisse pas comprendre en ce monde ; cela m'a appris la compassion, la patience, la dépendance totale en Lui, mais aussi la résilience, la détermination, le discernement et la sagesse.

Quel est le lien avec mon appel ? J'ai un cœur pour les âmes, je suis une enseignante transmettant son héritage, aidant les autres femmes dans leur processus de restauration, mais surtout, et principalement, dans l'approfondissement de leur identité, leur unicité, leur appel et dans l'atteinte de leurs objectifs (personnels, spirituels).

> *Nous savons, du reste, que toutes choses concourent au bien de ceux qui aiment Dieu, de ceux qui sont appelés selon son dessein* (Romains 8.28).

Donc, oui, ton témoignage personnel est directement en lien avec ton appel. Parfois, nous ne le voyons pas, car nous fermons les yeux sur notre processus ou avons refusé la guérison, la restauration et avons simplement fermé la porte à ses désirs à Lui. Mais dans tout cela, il y a une terrible et excellente nouvelle : personne ne peut accomplir ton appel à ta place. Personne ne peut accomplir ce pour quoi tu es appelée. Également, cela ne signifie pas, parce que tes parents ont divorcé, que tu doives devenir réconciliatrice en mariage, non. Mais chaque élément de notre témoignage personnel impactera notre appel dans chacune de nos facettes : familiale, sociale, personnelle, professionnelle. Il y a sur ta vie un message spécial composé d'un ou quelques mots, définis par le Créateur lui-même.

> *Avant que je t'eusse formé dans le ventre de ta mère, je te connaissais, et avant que tu fusses sorti de son sein, je t'avais consacré…* (Jérémie 1.5).

Les mots sur ma vie sont : identité, intimité et unité. Tout ce que je fais, que cela soit dans le ministère, la danse, les entreprises et mes projets personnels conduisent uniquement à ces trois simples mots. Mais serions-nous remplaçables ? C'est une question que je me suis déjà posée et oui, en, effet, nous le sommes, mais cela a des conséquences... Car tu es la meilleure personne pour remplir ton appel et toucher ceux et celles que tu dois toucher. Nous nous devons de comprendre un principe du royaume primordial.

Nous avons tous une portion, un pourcentage d'âmes, de personnes attachées à nous, ayant besoin de Dieu au travers de nous.

Tu es la solution pour elles afin qu'elles puissent voir Sa lumière et Son amour, pour Dieu afin qu'Il les rejoigne.
Tu es importante. Sache-le. Voyons maintenant comment découvrir ton appel.

Comment le découvrir ?

Nous avons en nous plusieurs indicateurs déjà positionnés depuis le début de notre vie ; et c'est bien pour cela que, malgré le fait que cela soit techniquement une évidence (car presque trop facile), nous avons une grande difficulté à les percevoir clairement, les mettre de l'avant et les utiliser pour le Royaume de Dieu.

PREMIER INDICATEUR : TES DONS

Les dons sont de véritables cadeaux de Dieu. Faisons un parallèle très imagé.
Dans le dessin animé de Disney « La Belle au bois dormant » sorti en 1959, nous voyons les trois bonnes fées, marraines d'Aurore (l'héroïne) recevoir des « cadeaux » de leur part :

- Lorsque la Princesse Aurore était bébé, Flora lui a fait don de la beauté ;
- Pâquerette lui a fait don d'une belle voix ;
- Lorsque la Princesse Aurore était bébé, Pimprenelle lui a fait don de l'espoir.

Bon soyons bien d'accord, les dons de Dieu sont bien meilleurs et de très loin. Mais reprenons, un don donné par Dieu est là depuis le début et se manifeste naturellement. Prenons pour exemple Joseph dans la Genèse (plus connu sous le nom de Aménophis fils de Hapou* en Égypte ancienne au point de vue historique). Il avait le don d'interpréter les rêves (Genèse 40.12-22,41.1-32), mais également celui d'optimiser les systèmes de récolte afin de pallier la famine sous le règne de Amenhotep III[1].

Dieu est généreux et précis quant aux besoins de ses enfants, et c'est pour cela qu'Il nous pourvoit de différents dons : écoute, service, générosité, instaurer la paix, réconciliateur, structurer, trouver des solutions, apaiser les cœurs et donner du réconfort, prendre soin, la dévotion, encadrer les gens, etc. Mais attention, les dons que Dieu te donne à la naissance ne sont pas les dons du Saint-Esprit (je t'invite à lire 1 Corinthien 12). En effet, ces dons-ci sont accordés directement par l'Esprit-Saint de Dieu, car c'est ainsi qu'Il se manifeste en nous.

Demande-toi : quels sont tes dons ? Qu'est-ce les gens aiment naturellement en toi ?

SECOND INDICATEUR : TES TALENTS

Un talent, contrairement à un don, est une aptitude ou habileté donnée de Dieu que tu as besoin de développer et pratiquer afin de la maîtriser.

Reprenons l'exemple de Joseph, son talent principal était la gestion / la gérance : des biens (Genèse 39.4-6), celle du personnel (Genèse 39.22-23), puis celle d'une nation (Genèse 41.39-46). Mais comme nous pouvons le voir, Dieu lui permit d'abord de gérer des objets, suivis d'un groupe de personnes avant de le faire entrer dans son appel : celui de gérer un territoire complet.

Dans les talents nous avons par exemple : cuisiner, organiser, chanter, accueillir, danser, recevoir, comprendre la technologie, etc. Pose-toi la question suivante : quelles sont tes habiletés et aptitudes ? Quelles sont les choses que tu sais faire, mais dans lesquelles tu as besoin d'approfondir tes connaissances afin de les maîtriser ?

Maintenant, tu dois savoir une chose vitale :

Les dons et talents se complètent pour l'accomplissement de ton appel.

TROISIÈME INDICATEUR : TON IDENTITÉ

Ton identité est une autre partie qui (avec dons et talents) te permet de comprendre ton appel. Sans cette compréhension, tu pourrais tourner longtemps en rond. Mais alors que devrais-tu te demander ? Deux choses majeures :

- Quel type de trésors es-tu ?
- Quel est ton langage d'amour ?

Commençons par le trésor. Imaginons que tu sois une pierre précieuse ou une perle (parce ce qu'aux yeux de l'Éternel, tu as une valeur inestimable).

Selon une théorie du comportement humain nommée Dispositif d'Ingénierie Socio-Cognitive (plus connu sous le nom de DISC), il apparait que nous avons des aptitudes caractérielles, communicationnelles et sociologiques, nous permettant de nous comporter différemment par rapport à notre environnement en fonction de : notre perception (hostile/favorable), notre action (accepter tel quel, agir dessus) 2. Prenons les 4 groupes types en tant que pierres précieuses et perle.

LE SAPHIR

Le saphir (bleu) est un type de caractère animé par la motivation, motivé par le plaisir et l'amusement. Cet être parle beaucoup que cela soit au téléphone ou non et possède un débit de parole rapide. Inventeur et visionnaire, brillant et pétillant, il est drôle ; être avec eux est un plaisir surtout lors des journées où le moral est plutôt bas.

Le saphir aime les couleurs et la mode (d'un amour passionné je dirais même). Il pense au moment présent. Mais à la moindre distraction, la réflexion (aussi profonde soit-elle) s'arrête. Il adore faire la fête et découvrir de nouvelles choses, l'espace-temps n'est pas « important ». Il est doté d'une grande créativité et est plus qu'inspiré. Par contre, les règles ne sont pas vraiment pour lui, car un de ses jeux favoris est de les briser ou de les contourner. Nous comprendrons bien qu'avec une énergie verbale et un esprit plus souvent optimiste qu'autre chose, le saphir a un nombre incalculable de contacts et, par ce fait, beaucoup d'amis. Pour finir, notre saphir possède une mémoire photographique phénoménale.

Il/ elle choisit le type de carrières suivantes : artistes, designer de mode, coach, chanteur, danseurs, musiciens, DJ, au sein de la communication ou des relations publiques.
LA PERLE

La perle (blanc/jaune) possède un véritable don pour le service et est dotée d'une grande générosité. Il faut comprendre que la perle AIME aider les gens (du genre « sauvons les baleines »). Elle est adepte du confort (vestimentaire et environnemental) avec une attirance particulière pour la nutrition et les produits sains ou biologiques. Elle ne désire pas être le numéro #1, non, elle préfère être seconde. Un des points importants chez la perle est qu'elle désire avoir un but, car c'est une âme sensible aimant les choses claires, mais surtout aimant les gens avec un amour sincère. Elle donne et donne encore gratuitement de son temps et amour sans attente. Malgré le fait qu'elle ne soit pas une super bricoleuse, elle affectionne particulièrement les *do it yourself* (tutoriels à faire soi-même) ; par contre, elle reste une personne encombrée et la pression la met vraiment mal à l'aise. La compassion et le pardon sont ses atouts, mais elle s'inquiète souvent de ce que les autres pensent... Ce qui l'amène à être une personne réservée, un peu gênée.

La perle n'aime pas prendre de décisions et encore moins celles qui sont importantes. Elle est émotive et pleure souvent, vivant avec la peur de décevoir ; ce qui l'amène souvent à faire des gaffes. Mais notre jolie perle a un caractère accommodant. Passionnée par la nature, les feux de foyer, la tisane et les moments de qualité, elle sait mettre les petits plats dans les grands, car elle aime recevoir. Malheureusement, elle n'est pas l'experte de l'organisation ; et sa maison, tout comme ses pensées et ses projets sont bien souvent à l'envers.

Il/ elle choisit bien souvent le type de carrières suivantes : au foyer, enseignant à la petite école ou en garderie, relation de presse, relations humaines, community manager, à l'accueil d'une entreprise, au service à la clientèle, en soin (massothérapeute, etc.), dans la santé (infirmière, médecin, etc.).

L'ÉMERAUDE

Notre émeraude (vert) est motivée par les faits et statistiques, passionnée et respectueuse des budgets. Bien qu'elle s'accommode facilement des situations, elle aime être corrigée pour évoluer (mais attention dans l'amour). En effet, elle aime autant recevoir des critiques qu'en donner, tant et pour autant que cela reste constructif. Dotée d'une grande intelligence, elle aime les mathématiques, les sciences, l'administration et la gestion (une petite pensée pour Joseph).

L'émeraude est la personne à emmener lorsqu'on veut magasiner, elle adore acheter en promotion, même si ce n'est pas la personne la plus à la mode puisqu'elle préfère les vêtements foncés, d'une couleur neutre et plutôt datée. Si tu désires construire un lit ou une armoire Ikea®, avec une émeraude, c'est le succès assuré si tu la laisses lire toutes les instructions du manuel au préalable (c'est un genre de passe-temps). Elle est organisée et ordonnée... Par contre, avec un sens éthique très élevé, elle est parfois mal comprise, c'est une personne de principe, un peu vieux jeu... Ayant de la difficulté à donner des compliments.

Il/ elle choisit bien souvent le type de carrières suivantes : postes administratifs ou au gouvernement, comptable, avocat, notaire, juges, scientifiques, professeurs d'école, lycée (secondaire) ou université, etc.

LE RUBIS

Le rubis (rouge) est notre dernier type de caractère. Cette personnalité (assez forte) est motivée par les défis, et parfois, par... l'argent. Si tu lui dis « qu'elle n'est pas capable ou ne peut pas », elle te prouvera le contraire. Ce n'est pas une question d'orgueil, c'est juste que tu lui poses un défi.

C'est un grand visionnaire, aimant innover, inspirer et créer une nouvelle culture ou tendance. Le rubis absorbe très vite les informations, comme une éponge et sait appliquer dans de brefs délais ce qu'il vient d'assimiler. Il est visuel, avec une très grande mémoire photographique. L'expression « faire le travail vite fait, bien fait » est faite pour lui ; efficace et productif, il est inutile de passer derrière lui. Passionné et audacieux, il est souvent un exemple pour les autres.
Il pense grand, est volontaire, parle avec profondeur et puissance dans le choix de ses mots. Voyant les obstacles comme des opportunités, il sait prendre des risques, motiver et encourager les foules ou les équipes. Il aime atteindre l'impossible et son immense

détermination l'amène à être un type de personne consacrée, disciplinée.

Indépendant et d'un esprit vainqueur, il sait que le destin l'interpelle continuellement. Par contre, étant manipulable et ne sachant pas vraiment dire « non », il préfère avoir peu d'amis. Mais ses amitiés sont d'une force incroyable, il aime les autres avec passion, désire le meilleur pour eux avec son incroyable loyauté. Sa force devient souvent sa faiblesse.

Il/ elle choisit bien souvent le type de carrières suivantes : entrepreneur, chef d'entreprise, coach, entraîneur, leader, motivateur, personnage public ou politique, chercheur, chorégraphe, etc.

La fameuse question :

Est-ce que je peux faire partie de plusieurs types de caractères ?

Réponse : Oui. Un majoritaire, un secondaire. Il y a des perle/perle, saphir/rubis, rubis/ saphir.

Maintenant que nous venons de traiter une partie de ton identité (bien sûr, ne négligeons pas ta culture, ton éducation, tes expériences de vie, car ils font de toi ce que tu es aujourd'hui), voyons une autre partie importante : quel est ton langage d'amour ?

Un quoi ? Un langage d'amour. L'auteur Gary Chapman (conseiller conjugal, pasteur et conférencier américain spécialiste du mariage et de la famille) apporte le point vital que chaque être humain possède un à deux langages d'amour ; un langage non verbal lui permettant de recevoir et donner de l'amour à autrui. Bien sûr, notre langage d'amour évolue, change en fonction de notre âge. Mais que tu le veuilles ou non, tu en as un à deux (primaire/secondaire). Il en existe cinq...

Découvrons-les ensemble :

LES SERVICES

Certaines personnes aiment particulièrement rendre service ou en recevoir. Pour les reconnaître, rien de plus facile, elles te demandent toujours :

- « As-tu besoin de quelque chose ? »
- « Est-ce que je peux t'aider ? »
- « Comment pourrais-je te soulager ? »
- « J'ai trop de choses à faire, puis-je te demander un service ? », etc.

C'est leur manière de te dire : « *quand tu m'aides, je sais que tu m'aimes*

» et « *quand je t'aide, je t'exprime le mien* ». Juste leur poser la question les remplit de joie et d'apaisement. Une de mes sœurs possède ce langage d'amour et crois-moi que dès qu'elle sort de chez elle, une des premières choses qu'elle fait est de m'envoyer un texto me disant : « *Salut ma sœur, je sors et vais à tel endroit… As-tu besoin de quelque chose ?* » Cela me touche particulièrement.

LES CADEAUX

Même si, nous les femmes, nous aimons recevoir des cadeaux, il y a, en ce monde, une catégorie de personnes qui adorent en recevoir et ne cessent d'en faire. Pour celles qui n'ont pas ce langage, elles pourraient se sentir achetées, et pourtant il n'en est rien, la chose est bien sérieuse, cela signifie JE T'AIME !

Mon autre sœur a également ce langage. Elle a toujours une attention particulière pour ceux qu'elle aime et, lorsque tu lui offres un présent, elle se sent remplie d'une joie immense (surtout si tu sais qu'elle aime les licornes et tout ce qui est adorable).

LES PAROLES D'ENCOURAGEMENT / DE VALORISATION

Un autre groupe de gens ont besoin de recevoir et de donner des paroles d'encouragement et de valorisation :

- *« Vas-y, tu es capable »*
- *« Ne lâche pas, tu es bonne »*
- *« Mais oui, on va y arriver »*
- *« Chaque obstacle est une opportunité, etc. ».*

Ce sont les cheerleaders. Mais pour avancer, ils ressentent la nécessité d'être encouragés et valorisés... Sinon la machine s'arrête net ! Ce n'est pas qu'ils ont besoin qu'on les pousse ou qu'ils aient besoin de validation, car ils ont (en général) confiance en eux. Non, ils veulent, inconsciemment, savoir que nous les aimons pour qui ils sont, point !

LE TOUCHER

Je suis certaine que tu connais des individus qui, lorsqu'ils te parlent, te touchent tout le temps :

- Le bras
- La main
- Les épaules
- Les cheveux

Alors, tu sais exactement quel est leur langage d'amour. Il fait partie de celui des enfants, jusqu'à l'adolescence (le fameux moment où ton fils ne veut plus que tu l'embrasses ou que tu lui fasses des câlins en public), sauf si c'est vraiment son langage d'amour. Un de nos fils est comme ça et j'ai découvert un secret merveilleux.

J'éprouvais de grandes difficultés à me faire obéir lorsque je lui demandais quelque chose jusqu'au jour où j'ai compris... Lorsque je lui parlais, je devais absolument le toucher. C'est ce que je fais en lui faisant gentiment part de mes requêtes et hop, j'obtins un « *Oui Maman, tout de suite. Je t'aime tellement, tu sais* ». La magie avait opéré. Attention, ce n'est pas de la manipulation, non. Mais c'est ainsi qu'il perçoit l'amour des autres. Il veut qu'on lui caresse les cheveux, aime les massages, nous tenir et caresser les mains ; et ce n'est pas un bébé. Une fois, il nous a dit clairement lorsque nous étions à Ikea® au rayon des chambres à coucher :

- « *Maman, Papa ?*
- *Oui mon amour,* lui répondis-je.
- *Vous savez, quand je serai adulte, j'aurai un lit immense et avec ma femme et mes enfants et bah tous les samedis matin, on se fera des câlins ! Et je ferai plein de câlins à ma femme, parce que j'aime ça* ».

Bon... On comprendra que c'est vraiment un de ses langages d'amour. Mais mon cher époux étant pareil, le fruit est tombé juste aux pieds de l'arbre.

LE TEMPS DE QUALITÉ

- *« Dis, quand est-ce qu'on mange ensemble ? »*

- *« Au fait, tu ne m'as pas donné tes disponibilités pour notre souper entre filles, j'ai tellement hâte ».*
- *« J'ai hâte de passer plus de temps avec toi, tu sais ».*
- *« On ne se voit JAMAIS !! Tu n'as jamais de temps »* (cela signifie que tu es en zone rouge).

Nous l'aurons bien compris, les personnes ayant ce type de langage pourraient passer pour des êtres assez exigeants... Sauf si pour toi aussi, le temps de qualité fait partie de ton langage d'amour. Si oui, crois-moi, je te comprends pleinement.

Le temps de qualité requiert non seulement d'avoir du temps, mais aussi de donner de l'attention à l'autre. Une des choses qui m'agacent le plus est lorsque je suis avec mon mari, une de mes sœurs ou une de mes amies et que leur cellulaire n'arrête pas de sonner... Si tu es avec moi, alors tu es avec...moi.
De la même manière, je vais toujours être prête à organiser mon agenda pour passer du temps avec les personnes importantes et chères à mon cœur ; je vais être focalisée sur toi et tes projets.

Est-il possible d'en avoir plusieurs ?

Encore une fois, oui, un primaire et un secondaire. À la maison, nous en avons tous un commun : le temps de qualité et pour le secondaire, à chacun des membres, nous couvrons les quatre autres.

Est-ce qu'un appel peut contenir plusieurs parties ?

Bien sûr et j'en suis la preuve vivante (et je ne suis vraiment pas la seule dans ce cas-ci). Tout en ayant connaissance et conscience de mes dons, talents, forces, mais aussi de mon identité, de ma préparation, je comprends clairement quel est mon appel : renouveler l'identité, approfondir l'intimité avec Christ, créer l'unité auprès de la femme chrétienne en tant que :

- Femme (au travers Leslie Passerino International).
- Épouse (via Strong and Mighty)
- Fille de Dieu et adoratrice (avec la danse et le mouvement)

Le mandat total ici est de préparer la mariée, l'Épouse de Christ sous différents aspects. Et c'est ce que je fais. Nous sommes plusieurs, sur cette terre, à avoir un appel en plusieurs parties, mais il y a une clé réunissant le tout. Je m'aperçois d'ailleurs, avec l'âge et la maturité en Christ (avoir la vraie liberté et recevoir la plénitude du Royaume de Dieu) que peu à peu, Il converge tout en un point **SI** l'on s'abandonne à Lui et que nous le laissons totalement gouverner le bateau. Tout comme nous, les humains, aucun appel n'est identique, il n'y a pas de recette. Au final, on doit juste tout poser à Ses pieds.

Mais permets-moi de te poser une question :

Ton appel est-il différent dans le corps de Christ que celui dans le monde ?

Est-ce que tu agis d'une manière différente autant à l'extérieur qu'à l'intérieur des murs de ton église locale ? Penses-tu que l'appel est juste en lien avec les cinq ministères cités dans la Parole ?

La réponse est non. Papa, Dieu le créateur t'a pourvu avec des dons, des talents et une identité propre et unique afin que tu puisses :

- Le servir en tout temps (Ecclésiastes 9.10).
- Être le sel et la lumière du monde (Matthieu 5.13-14).
- Accomplir les choses que seule toi peux faire.
- Lui apporter des intérêts de la moisson : les âmes (Matthieu 25.14-30).

Ton appel est « *in* » and « *out* ». À moins que tu aies deux visages, je veux dire par là que par exemple, tu chantes à l'église, car tu possèdes une voix divine, lorsque tu loues le Seigneur le dimanche matin en avant, les anges descendent dans le sanctuaire et tout le monde pleure dans Sa présence... Mais arrivé le lundi, plus rien, tu n'utilises plus ta magnifique voix pour apporter la guérison, le salut, la restauration, la paix, etc. à qui que ce soit. Que tu chantes, joues d'un instrument, danses, enseignes, prennes soin des autres, etc. ce n'est pas juste pour bénir les Saints de ton église locale, mais pour tout le corps de Christ et ceux qui ont besoin de LUI dans le monde.

SECONDE PARTIE : PROBLÈMES, ENNEMIS & SOLUTIONS

Problèmes

Parce qu'il y en a

A. Problèmes naturels

Parmi les nombreux problèmes qui nous empêchent d'entrer dans notre appel, nous commencerons par ceux d'ordre naturel (le plus facile). En effet, il faut comprendre qu'il y aura de l'opposition, et de divers ordres, mais je sais qu'une fois qu'elle est mise à jour, tu seras capable de t'équiper de bonnes ressources dans le but de les affronter.

LE MANQUE DE FORMATION

C'est souvent la plus évidente et frappante. Autant je sais que nous sommes capables, en tant que femmes, d'investir pour des choses plutôt futiles, autant lorsqu'il s'agit de notre appel, nous regardons au plus (en qualité et en retour sur investissement). Bien sûr c'est une généralité, car il y a des exceptions (heureusement) ; prenons celle qui a reçu l'appel d'être médecin, nous sommes d'accord, qu'elle va étudier jusqu'à l'obtention de son diplôme et de sa spécialisation. Même chose pour l'avocat qui défendra les droits de l'enfance ou des femmes battues... Mais qu'en est-il de celle qui a un appel pour chanter et qui ne le fait qu'au sein de son église sans aller plus loin dans sa formation ? Elle reste au même niveau.

Il y a une chose très importante et triste à comprendre ici ; le manque d'étude, d'éducation et de formation t'empêche d'entrer dans ta destinée, oui, mais aussi, ne te permet pas de saisir les opportunités et portes que Dieu t'ouvre... Car tu n'es pas prête. De surcroit, en tant que femme de Dieu exprimant sa foi, eh bien, tu fais potentiellement passer Dieu pour un rigolo, tu ne lui permets pas de se glorifier au travers ni de ta vie ni de ton appel. Il n'y a aucune condamnation, mais c'est une simple réalité.

Pour marcher dans ta destinée, tu dois être vraie et authentique (envers Lui et envers toi), accepter le prix de ton appel et investir en toi. Devenir qui tu es appelée à être demande des sacrifices et du travail. Ce qui est merveilleux avec Papa est qu'Il nous a créée d'une manière tellement spécifique que c'est uniquement au travers de nos diverses formations, nous permettant de mieux comprendre qui nous sommes et quoi faire, que nous devenons réellement utilisables... Sinon, nous restons des... actrices donnant des billets gratuits à l'ennemi pour notre prochain show d'humour.

LE MANQUE DE RESSOURCE

Petit moment de soupir en te disant « oui, je connais ça ! ». Ne t'inquiète pas, moi aussi. Que ce soient les finances, la structure, l'espace, l'accès à l'information, le temps ou autre, cela ne rend vraiment pas les choses faciles. Mais ça ne veut pas dire pour autant que c'est impossible, n'est-ce pas ?

Côté finance, il est certain que tu devras regarder tes priorités (dîmes et offrandes, loyer et factures, nourriture, transport, APPEL). Même si tu es serrée, je t'encourage à mettre 5 ou 10% de ton salaire de côté dans le but de te former en accord avec ton appel. Encore, tu pourrais voir pour des bourses non remboursables (oui au Québec il existe aussi des bourses remboursables qui ne sont apparemment pas des prêts). Mais travaille vraiment à investir en toi, laisse faire pour un temps les restaurants, les nouvelles chaussures ou autre... Crois-moi. Une fois dans ton appel, tu auras l'occasion pour cela ou sinon, peut-être que cela ne sera plus dans tes priorités.
Côté structure, il faut t'organiser, planifier, créer une stratégie. Si cela ne fait pas partie de tes forces, pas de problème, tu as des experts, des coaches ou peut-être même des personnes de grande qualité dans ton entourage.

Voyons l'espace... Pense « minimaliste », crois-moi, c'est possible.

Nous avons acheté une maison très simple il y a plusieurs années et je te dirai que les mots qui la décrivent sont : compacte, chaleureuse, suffisante et havre de paix. J'ai toujours rêvé d'une grande maison, mais qui dit grand, dit aussi plus de ménage, de rénovation et plus de chauffage à payer. Je ne suis pas radine, mais je sais me contenter. Pour faire une histoire courte, je ne savais pas, à ce moment-là que j'allais me former en danse liturgique et allais chercher une licence de ministre de danse. En 2015, durant ma première année d'étude, j'ai suivi un cours de ballet dans un studio ; quel bonheur de danser dans un grand espace. Alors est venue l'idée d'en louer un pour mes besoins personnels. Mais lors de mes recherches, j'ai vite compris que je n'avais, à ce jour, pas les moyens de le faire (la pensée réaliste d'une mère en quelques minutes : enfants + hypothèque + factures + nourritures + essence +, etc. = STOP ! Repassez plus tard merci !).

Bon je me suis un peu découragée... Mais en méditant la Parole le lendemain matin, je suis tombée sur le passage parlant du contentement (merci, Paul !). Pleine d'un nouveau courage, j'ai décidé de changer la configuration de mon bureau, quitte à jeter des meubles (pas besoin en fait, ouf !).
Mon sous-sol est désormais mon bureau à gauche et mon espace de danse à droite, j'ai trouvé comment créer moi-même une barre de ballet amovible et j'ai économisé pour le grand miroir.

Conclusion : Dieu nous a pourvus d'une grande créativité, utilise-la à ton avantage.

Concernant l'accès à la formation. Il est possible aujourd'hui d'avoir accès à tout ! Via des cafés avec un WIFI gratuit, les imprimantes des amis, etc.

> *Demandez, et l'on vous donnera ; cherchez, et vous trouverez ; frappez, et l'on vous ouvrira. Car quiconque demande reçoit, celui qui cherche trouve, et l'on ouvre à celui qui frappe…* (Matthieu 7.7-8).

Et pour finir le temps... Attention, je vais paraître pour la « méchante du coin ». Crée le temps ! Quoi que tu fasses ou dises, tu penseras toujours que tu n'as pas assez de temps, et pourtant tu as 24h/jour comme tout le monde, ni plus ni moins. Mais peut-être que la manière dont tu les dépenses n'est pas appropriée ni efficace.

LES MAUVAISES PRIORITÉS

Il arrive parfois que nous n'ayons pas les priorités à la bonne place, même si nous pensons que nos priorités sont justes.
Laisse-moi te raconter une histoire. Il y a plusieurs années, alors que j'étais une jeune entrepreneuse, ma priorité était déjà ma famille (ce qui n'a d'ailleurs pas changé). Je voulais le meilleur pour elle et mon choix de carrière entrepreneuriale était bel et bien là, dans le but de passer plus de temps avec ceux que j'aimais. Malheureusement, je pense que je me mentais clairement. En tant que gens d'affaires, il est certain que nous devons travailler plus qu'un employé... Mais

j'étais arriver à un stade où j'œuvrais 120h/semaine, oui, c'est vrai. Cela nous fait une moyenne de 17h15 de travail par jour, 7/7... J'ai fait cela pendant huit années de ma vie.

Ma priorité était « réellement » ma famille (que je ne voyais jamais). Puis en décembre 2014, j'ai commencé à avoir si mal au cerveau que je pensais que ma boîte crânienne était trop petite. Il enflait comme un ballon ! Résultat, un mois complet dans le noir sans voir mes chers enfants et mon époux pendant ce mois si précieux qui comporte Noël et anniversaire. Je réalisais durement le prix de mon erreur... Pendant toutes ces années, je m'étais menti, volée de ce que j'avais de plus important après ma vie avec Christ : ma famille ! J'ai réalisé, tristement, que ma réelle priorité était l'argent, la réussite, ma carrière... Mais non eux !

Je ne suis pas une exception ici, et peut-être même, en fais-tu partie aussi. La réflexion à avoir est celle-ci :

- Regarde les priorités que tu penses avoir ;
- Regarde les fruits manifestés de ces priorités ;
- Respectes-tu vraiment tes priorités ?

Si oui, c'est absolument parfait. Sinon, pardonne-toi, demande pardon et réajuste le tir.

LE MAUVAIS ENTOURAGE

Connais-tu le proverbe portugais « Dis-moi qui sont tes amis, je te dirai qui tu es ! » ? Nous pourrions dire aussi, dis-moi qui tu es et je te dirais si oui ou non tu entreras dans ton appel. Bien qu'il y ait encore une fois des exceptions, la qualité de ton entourage te permet de te développer, de stagner ou de régresser. Sachant que de marcher dans sa destinée prend du temps, du travail, des sacrifices et de la consécration, nous comprendrons bien qu'il est vital d'avoir des gens qui nous aiment, mais aussi nous célèbrent et nous poussent au lieu de simplement nous tolérer.

Ma chère amie, prends conscience que tu n'as pas le temps pour les vampires, les sangsues et autres types d'espèces accaparantes. Je dis oui à l'amour, le service, le don de soi, la générosité et la compassion. Mais je dis non au contrôle, à la critique dénigrante, au squattage de rêves, aux mangeurs de temps et de destinée... Il faut agir ! Ici, quelques possibilités :

- Disparaître tranquillement (ce n'est pas très gentil, mais en cas d'urgence, c'est bon) ;
- Prendre le temps d'expliquer aux gens ciblés que tu vas espacer vos rencontres (reste focalisée sur l'objectif, le message et souris) ;
- Apprendre à dire « Non merci, c'est vraiment très gentil, mais cela ne sera pas possible » (ça marche à tous les coups).

B. *Problèmes personnels*

Tout comme dans un jeu vidéo, nous avons terminé le niveau « facile », passons maintenant au « moyen ». Peut-être que tu penses ne pas avoir de problèmes, moi non plus ne t'en fais pas... Sauf que j'en avais (et j'en ai certainement encore, vu que je suis humaine). Il y en a en chaque humain, malheureusement, des choses (trois fois rien en fait) qui nous grugent littéralement et nous empêchent clairement de comprendre pour quoi nous sommes faites.

LES PROBLÈMES D'IDENTITÉ

Ne pas savoir qui tu es pourrait être un vrai problème. Attention, je ne parle pas de ce que tu as l'air à l'extérieur, mais bel et bien de ton identité propre, ton ADN. Il y a tellement de choses, dans ce monde, qui nous conditionnent selon un format qui n'est pas celui que Dieu avait pour toi... C'est un peu comme l'origami. Au départ tu es une immense feuille magnifique (création de Dieu, parfaite), puis la culture, la société, ton éducation, l'école, tes amis, les tendances, la religion, l'histoire de la famille, etc. te plient en deux, en quatre, en seize, en trente-deux pour finir en une micro cocotte en papier alors que tu aurais dû devenir un cerf-volant... Même si tu sais, au fond de toi, que tu es faite pour voler ; il se peut que tu n'essaies jamais à cause de ta toute petite taille.

Un autre problème majeur chez la femme est la faculté d'être un caméléon. Tu changes ta manière d'être comme cet animal change de couleur en fonction de son environnement. Non ? Tu pourrais raser les murs avec telle personne, ne pas oser parler avec une autre, devenir dictatrice avec ton mari, infernale avec ceux qui t'acceptent comme tu es (car ils ne sont pas si nombreux finalement) ; ou tout simplement dire à tous, ce qu'ils veulent entendre sans oser montrer véritablement ton identité de peur qu'on te la reproche.

Ce n'est pas juste ! Car Papa aime la manière dont Il t'a créée. Le fait de ne pas oser être toi-même, dire non, dire que cela est faux lorsqu'un « tu es tellement bécasse » surgit, ne pas maintenir ton point si tu entends « *non, mais franchement, tu penses vraiment que tu peux y arriver ? Tu devrais laisser tomber, tu n'es pas assez bonne pour ça. Fais plutôt comme ta sœur* ».

Non, tu dois laisser aller ton identité, la renouveler, la (re)découvrir... Pour certaines d'entre nous il faut même parfois désapprendre pour réapprendre, mais à sa manière à Lui.

LA COMPARAISON

Un des pires poisons. Cette semence est comme le lierre, elle pousse indéfiniment jusqu'à recouvrir ton cœur. Le but ? Que tu ne cesses de te rabaisser. Ayant conscience que tu es un modèle unique, tu ne devrais pas te comparer à toutes les femmes qui t'entourent, qu'elles réussissent ou non. Prends en considération que tu es toi et assumele. Crois-moi, c'est déjà bien assez.

LE REJET

Lorsque tu as vécu le rejet, tu préfères vivre recluse sur toi-même, car, après tout, il est fortement « conseillé » de se préserver. Mais ce n'est pas en te créant une tour d'ivoire que tu pourras entrer victorieusement dans ton appel. Bien au contraire, cela est un piège subtil et perfide t'obligeant à rester inactive et... stérile.

Je sais que le rejet fait mal, qu'il soit physique ou verbal, mais crois-moi, mieux vaut en guérir que de devenir méfiante, suspicieuse et amère.

L'ORGUEIL ET « MADAME J'AI RÉPONSE À TOUT »

Je pense sincèrement qu'une des choses qui empêche Dieu d'ouvrir les portes d'un appel est, après le manque de redevabilité, le refus d'être enseignée. Trop de femmes (et d'hommes) rejettent l'importance d'investir en soi. Que cela soit en allant à des conférences ou ateliers, en prenant un coach qui parlera dans ta vie ou autre, tu devrais toujours te garder dans une position d'humilité, afin de recevoir un enseignement. Lorsque tu commences à avoir réponse à tout ou à vivre sur tes lauriers, l'orgueil te saisit. Et qu'en est-il dans la Parole à ce sujet ? L'orgueil précède... la chute !

LES EXCUSES

Une autre spécialité « féminine », du moins, selon certains hommes. Mais je les comprends, car nous leur parlons toujours de nos projets qui souvent n'aboutissent jamais. Les excuses vont vraiment de pair avec la peur du rejet, mais aussi avec la peur du succès (oui, Madame). Ce qui conduit, bien sûr, à la procrastination (LE mauvais mot !). Dès que tu cesses d'avoir peur, tu enlèves tes excuses. Et quand tu n'as plus d'excuses, alors tu avances réellement, car l'accomplissement de la vision devient plus que vital.

C. Problèmes spirituels

La catégorie des boîtes aux mystères. Pourquoi ? Parce qu'il y a des choses que tu ne sais tout simplement pas ou que tu ne veux pas voir en face. Et pourtant ces éléments sont des pièces qu'il te faudra découvrir et traiter pour avancer. Une vraie chasse au trésor ou encore une histoire digne des « livres dont vous êtes le héros ».

LES MALÉDICTIONS GÉNÉRATIONNELLES

Les quoi ? Oui, ça existe bien. Une malédiction générationnelle entre dans ta famille à un moment donné spécifique. Elle est due à un péché ayant offensé le Seigneur : sorcellerie, sacrifice humain, meurtre et autres. Elle se manifeste sous bien des aspects de manière précise et en cycle sans fin génération après génération. On peut y voir : le rejet, l'alcoolisme, la dépendance aux drogues, les fausses couches, la pauvreté, le divorce, etc.

Mais attention. Tu dois comprendre :

- Ce n'est pas parce qu'il y a eu un divorce dans ta famille que c'est une malédiction générationnelle (non le concept est plutôt du genre : génération après génération tel un héritage pourri).
- Ce n'est pas parce qu'il y en a dans ta famille, que cela continuera. Non ! Lorsque nous sommes enfants de Dieu, les malédictions n'ont plus leur marque sur nous, tant et pour autant que nous les avons décelées.

Pendant presque toute ma vie, j'ai subi le rejet. J'avais beau prier, jeûner et tout, je me sentais toujours rejetée (même si je ne l'étais pas). J'avais le syndrome du « vilain petit canard ». Puis début 2016, j'ai vécu quelque chose de vraiment profond avec moi-même par rapport à mes cours de danse liturgique... Je m'autorejetais. Un soir, pendant que je parlais à mon pasteur au téléphone, pleurant comme une madeleine, le Saint-Esprit me parla. Il me montra que JE n'étais pas le problème... Ma mère avait été rejetée quasiment toute sa vie avant Christ, son père l'avait clairement rejeté. Ma grand-mère maternelle également par son propre père lorsqu'il l'avait chassé à coup de fourche, plus son époux... J'ai compris alors que mes yeux s'ouvraient sur la situation et que le clou était profondément ancré dans ma terre générationnelle.

Que s'est-il passé ? J'ai prié, le Seigneur a œuvré, la malédiction est morte ici, point. Depuis, je ne suis plus une paranoïaque croyant que personne ne l'aime. Mais je devais le voir. Lorsque tu reconnais ton ennemi, il peut être détruit. Alors, lorsque tu vois un scénario se reproduisant génération après génération, ne cherche pas plus loin. Prie et brise ça tout de suite.

Tu ne sais pas ce qui est arrivé dans ta famille... Mais par contre, tu sais qu'en tant qu'enfant de Dieu, cela n'a plus d'impact à partir de maintenant.

LE MANQUE DE PARDON

C'est plus terrible qu'un bouchon de feuilles mortes au niveau des canalisations de ta maison. Le manque de pardon tue, physiquement et spirituellement. Il te rend amère, méchante et aigrie. Ta peau change, ton corps aussi. Et bien sûr, ton appel fuit. Si tu es concernée par cette section, prends un temps de prière. Pardonne et relâche ceux et celles qui t'ont fait mal. Mais ce n'est pas tout, reprends aussi ce qui t'a été volé : joie, paix, confiance, sourire, rêves, etc.

As-tu un manque de pardon envers toi-même ? Mets-toi devant un miroir et regarde-toi. Parle-toi, dis-toi combien cela t'a fait mal lorsque tu as (cite l'action, mais décris aussi les émotions par lesquelles tu es passée). Pardonne-toi, relâche-toi et déclare des paroles de bénédiction sur ta vie.

LE MANQUE DE FIDÉLITÉ

Attention pas envers un homme... Mais envers Dieu. Ne le vole pas. Je connais bien des gens qui se sont essayés et qui ont perdu. Je ne ferai pas un cours sur les dîmes et offrandes, mais je te dirai simplement ceci :

> *Celui qui est fidèle dans les moindres choses l'est aussi dans les grandes, et celui qui est injuste dans les moindres choses l'est aussi dans les grandes* (Luc 16.10).

L'IDOLÂTRIE

On allie souvent ce mot au fait d'adorer un autre dieu. Mais l'idée est bien plus simple. Mettre une chose devant toi qui devient plus importante que ta relation avec Lui. Exemple : les réseaux sociaux, ton téléphone super techno, ton chien, tes amies, ton mari, ton travail et ta carte de crédit. Laisse-moi t'expliquer. Tu peux aimer les choses et les gens, mais rien ne devrait prendre la première place mise à part Papa. Suis-je la seule qui, à un moment de ma vie, pouvait ouvrir mon application Facebook ou Instagram quarante fois en moins d'une heure pour voir qui aimait mon statut ? Ou dépendante à une série, je me demandais plus souvent comment elle allait finir au lieu de me rappeler ce qu'Il dit de moi dans Sa Parole ? Et pour finir, malgré le fait que je n'avais pas d'argent j'étais prête à m'endetter encore un peu plus envers la banque pour m'acheter un truc « vital » à ma garde-robe, juste pour moi. Alors qu'Il voulait que je sois une bonne gestionnaire, sage et que je me contente de Son véritable amour ?

On va dire que je suis la seule... Toujours est-il qu'il ne faut pas tomber dans l'idolâtrie et veiller que la première place dans ton cœur soit à Lui seul.

LA RÉBELLION

Ou la crise de l'adolescence spirituelle. Plus tu t'obstines, plus tu perds. C'est comme avec les parents. Tu penses que ton idée est bien meilleure que la Sienne, même s'Il t'a dit non... Et bien sûr, tu te plantes... Personnellement, cela me rappelle tristement mes 15-20 ans, pas toi ? Alors que faire, abdiquer ? Courber l'échine ? Non, c'est plus simple que cela. Cesse de tout vouloir contrôler, de faire à ta façon et abandonne-toi à Lui. Non pas par obligation, mais par amour. Fais-Lui confiance, Il sait ce qu'il fait. Il te prépare pour aller au prochain niveau.

Ennemis & solutions

Ouvre les yeux

A. Ennemi #1 : la résistance

QUI EST-ELLE VRAIMENT ?

En tant que femmes de Dieu, nous savons que le diable est notre plus grand ennemi. Mais trop souvent, nous ne focalisons sur lui que d'une seule manière. Nous voyons les attaques venir de l'extérieur, assaillir également nos pensées. Mais n'as-tu jamais pensé que cet être horrible pouvait se cacher quelque part à l'intérieur de toi, femme, sous un autre nom ? Et étrangement, il se cache sous un nom féminin : la résistance.

Attention, je ne dis pas que tu as besoin de délivrance, mais elle est ton ennemie intérieure. Mais la résistance, tu le comprendras assez vite, est une réelle pourriture avec un but, une mission, une vision. C'est l'empoisonneuse des temps modernes. Elle ne peut être touchée, ni vue, ni sentie dans le naturel (et pourtant tu la sens rôder et même te traverser le corps). Laisse-moi te la présenter clairement.

Elle, aimant te distraire et t'empêcher de travailler, elle a enfanté la procrastination. Négative et destructrice, elle te montre les choses comme impossibles. Elle ne meurt jamais ni ne dort. Sa passion est de t'amener à la perfection (ainsi, tu ne finis jamais rien finalement). N'ayant aucune conscience, elle se plait à te mentir sans cesse et te donner une mauvaise perception de toi-même. Elle ne possède pas de système de raisonnement, mais a un but : t'empêcher d'accomplir ce pour quoi tu es faite. Implacable et infatigable, elle se fiche complètement de toi et ses attaques ne te visent pas...elle veut plus que tout tuer, voler et détruire le plan au travers de toi. Elle adore utiliser ton entourage pour t'empêcher d'aller au prochain niveau.

Par tes peurs, tu la nourris. Ses amies intimes (dans le club des empoisonneuses) sont : comparaison, rejet, sous-estime de soi, mensonge, critique, murmure, émotions négatives, dépression et anxiété. La résistance utilise toujours les mêmes distractions : nourriture, réseaux sociaux, cancans, le sucre, le shopping, les dépendances. Elle s'alimente de ta victimisation via des agressions passives. Son parfum a l'odeur de l'ennui, du mécontentement, de l'insatisfaction et de la culpabilité. Tu dois savoir qu'elle ne te rend ni aimable ni aimante et t'amène à faire toutes sortes de choses stupides. Par exemple : te haïr, détester ta vie, manger tes émotions, faire des choses que tu ne devrais pas faire et qui te condamnent (et en plus, tu le sais !). Elle est la mère de l'avortement des rêves, plans et accomplissements. Et la cerise sur le gâteau, elle veut te faire croire que tu es la seule à vivre ça afin de t'isoler pour mieux te dévorer.

Je répète, c'est une pourriture !

Alors, comment la battre ? Est-ce possible ?
Bon. Tu dois savoir que tu ne peux pas la tuer, mais la battre, oui.

Tu sais que là où tu as le plus de résistance est le chemin du plan de Dieu et de ton évolution.

Je pourrais te donner une tonne d'exemples, ne serait-ce que pour écrire ce livre, mon cheminement en affaires ou encore mes combats dans la danse liturgique.
Le combat commence à partir du moment où tu ouvres les yeux le matin. C'est le signal du départ jusqu'au coucher. Mais parlons de manière pratique et voyons les tactiques pour la déjouer et la coller au sol.

CÔTÉ NATUREL

Il te faut être stratégique et ne pas la laisser manipuler tes objectifs ni tes priorités. Pour cela, tu dois découper ta vision (annuelle) en buts clairs (trimestriels) puis en sous-tâches (mensuelles). Également, écris tes différents besoins (ressources, personnes, financement, apprentissage, etc.). Crée une autre liste, celle des obstacles à venir, ainsi tu seras prête à y pallier.

N'oublie pas d'avoir une bonne hygiène de vie : alimentation saine (laisse faire le sucre, ça te paralyse le cerveau), du repos et du sport (choisis-en un qui est compatible avec ta personnalité, mais loin de ton sofa). Recalibre tes réelles priorités et enlève le superflu, car elle va essayer de te mettre de la poudre aux yeux. Investis en toi via des formations, un coach et autres toujours en accord avec ta vision. Renouvelle ton entourage avec des gens positifs.

CÔTÉ PERSONNEL

Tu dois avoir un code de guerrière. Surtout, ne crois jamais qu'elle se fatigue. Comprends que chaque jour est différent, mais sans repos, le combat reste. Reste bien sur tes gardes comme si tu chassais un lion dans la savane. Prévois une automédication : discipline, travail constant, pratique. Prends sérieusement le temps de découvrir ta réelle identité (et pas juste celle que tu vois dans le miroir). Aime ton appel et les âmes au-delà de toute mesure. Il faut aussi que tu ne sois JAMAIS seule, Dieu est avec toi. Ah oui ! Défais-toi de ce que les gens pensent, de ceux qui jugent, des murmures, des plaintes, de tes excuses et de tes émotions négatives.

Comprends que tu es unique et que Dieu ne t'aime pas de la même manière qu'Il aime ses autres filles.

Il t'aime différemment et ça, c'est génial. Sois toujours enseignable, redevable et abaisse ton orgueil, car c'est une corde qui tient la résistance attachée à toi. Agis aussi, peu importe la circonstance ou ton état d'âme du jour et ne prends rien de manière personnelle. Bien au contraire, développe un sens de l'humour et deviens victorieuse.
CÔTÉ SPIRITUEL

Agis, peu importe les attaques et le niveau de résistance, sois soumise, humble et forte avec Dieu et les âmes, mais offensive avec l'ennemi. Loue, jeûne, lis ta Parole et prie bien sûr, mais fais-en une réelle habitude de vie.
Est-ce que tout cela sera facile ? Non ! Impossible ? Non. Tu es capable et tu es équipée avec le Saint-Esprit et accompagnée avec Christ. Mais malgré cela, il t'appartient de te lever et dire à l'ennemi : « ASSEZ ! LÂCHE MON TERRITOIRE ET MON APPEL ! »

B. Ennemi #2 : TOI !

Si aux yeux de la résistance, tu es un être faible, manipulable et qui ne vaut rien ; sache qu'à tes yeux, les trois quarts du temps tu te sous-estimes, mésestimes ou surestimes. Bref, il est rare que tu te voies à ta juste valeur… Celle dont Dieu te voit.
Regardons la réalité en face. Je te préviens, il n'y a rien de personnel.

Tabou 1 :

Trop souvent, tu te mens, te dévalorises, t'apitoies et soupires. Tu te parles mal et te manques de respect, sans oublier le fait que tu t'insultes peut-être secrètement. Tu te fais du mal, te punis et te prives. Tu crois trop souvent les pensées (débiles) dans ton cerveau. Sois tu vis tes émotions à plein régime ou alors, tu es glaciale. Parfois, tu prends les choses trop à cœur et de manière trop personnelle. Tu as de grandes peurs non dites et il se peut que tu aies honte de qui tu es secrètement. Tu n'oses pas dire que tu n'es plus celle du passé. Tu es captive même si tu crois que tu es libre (car la résistance veut te faire croire que tu es ta propre prison). Tu échoues (trop) souvent, tes projets avortent et tu es déçue de toi. Et finalement, les propos de ton entourage te détruisent à petit feu.

Tabou 2 :

Tu es orgueilleuse ou avec une fausse humilité. Tu ris des autres. Ton cœur est tellement détaché que tu en deviens totalement insensible. Tu es une battante, c'est bien, mais tu veux combattre seule afin de prouver aux autres que tu en es capable. Tu te penses au-delà de certaines règles et lois qui n'ont pas été posées par l'homme, mais par Dieu. Ton ambition est centrée sur toi, ta réussite personnelle est ta priorité. Malgré le fait que tu te trouves hot, cela ne t'empêche pas de te regarder du coin de l'œil dans le miroir avec cet air hésitant. Tu as de grands secrets bien cachés, car si les gens les découvraient, ils te rejetteraient.

Tabou 3 :

Tu varies entre le 1 et le 2 dépendamment des jours...
Peut-être que tout ne te concerne pas, mais si tu te reconnais, sache qu'il y a des clés te permettant de devenir victorieuse.
Avant toute chose, dès maintenant tu dois choisir de faire la paix avec toi-même et devenir ta meilleure amie.

CLÉS DE LA VICTOIRE NATURELLE

Je te propose d'inviter de nouveaux amis chez toi : l'ordre (visuel, émotionnel, environnemental), la structure et l'organisation. Apprends à faire la différence entre l'urgent et l'important. Laisse-moi t'expliquer. Tout peut-être important (et encore), mais non urgent. Le mot urgent signifie que tu atteins une date limite, donc que tu as procrastiné ou que la vie décide de mettre son grain de sable. Pour ta part, il est possible que tu apprennes à faire les choses en temps et lieu (d'où l'importance d'avoir les amis cités plus haut).

Si tu ne peux pas faire ce qui est important, délègues-en une partie et fais celle qui requiert tes dons et talents. Aie une alimentation saine (oui, je le répète et c'est volontaire). Enlève les sucres, fritures, jus, boissons gazeuses. Pourquoi ? Parce que cela nuit grandement à ton humeur, ton énergie, ta joie et ta volonté d'agir. C'est comme la drogue, tu as un « high », c.-à-d. un pic d'excitation qui monte très vite, mais qui redescend encore plus vite et là, c'est la catastrophe. Tu ne veux plus rien faire, tes pensées t'assaillent et la vie devient sombre. Merci le sucre et la mauvaise bouffe ! Paye le prix de consécration en te créant des routines. Crois-moi cela aide beaucoup tant à la préparation de ton appel que pour entrer dedans. Sache te tenir avec des gens d'un niveau supérieur au tien (ils t'aideront ainsi toujours à aller plus loin et à sortir de ta zone de confort), mais également au même niveau que le tien (des partenaires de voyage comprenant tes combats).

CLÉS DE LA VICTOIRE PERSONNELLE

Le premier point à mettre en œuvre est le nettoyage des pensées et des paroles. Comprends également que la patience est un processus (tant envers toi-même, qu'envers les autres). Ose découvrir ta véritable identité et aime-toi pour qui tu es. Démystifie chaque mensonge en toi, l'un après l'autre : peur, orgueil, etc. D'ailleurs, fais face à tes peurs, elles ont plus peur de toi que l'inverse. N'accepte plus tes propres excuses et ne travaille plus seule. Mets-toi à part pour accomplir ce que tu dois faire et sois prête en tout temps. Sois dédicacée à ta mission, car c'est la tienne, pas la mienne. N'hésite pas à demander de l'aide au besoin et ne sois pas effrayée par l'échec. Sache reconnaître tes limites et apprends à discerner les bonnes critiques des autres.

CLÉS DE LA VICTOIRE SPIRITUELLE

Comprends, ma très chère amie, que sans toi, le plan ne s'accomplira pas. Tu ne peux pas y arriver seule, pas sans Papa. En acceptant ton temps de préparation, tu as l'opportunité de renouveler ton identité, mais également de payer le prix de ta consécration spirituellement. Demande au Seigneur le discernement et la sagesse. Endure l'adversité via la méditation de la Parole, la prière, le jeûne, la louange et la déclaration prophétique. Ose connaître et maîtriser la Parole de Dieu, non pour la connaissance, mais pour la compréhension de ton identité et de ton autorité.

J'ai une question. Y a-t-il des choses pour lesquelles tu t'en veux ? Si oui, prends le temps de les écrire et de te pardonner. Prends le temps aussi de demander pardon au Seigneur pour toutes les fois où tu as procrastiné et abandonné.

Prière et Déclaration

Avant de finir ce livre, j'aimerai prier avec toi. Répète simplement cette prière avec moi.

« *Seigneur Jésus. Je te remercie de l'appel que tu as posé sur ma vie. J'ai conscience, maintenant, que cela n'est pas juste pour moi, mais également pour rejoindre les enfants auprès desquels ton cœur soupire. Pardonne-moi de ne pas l'avoir compris avant. Pardonne-moi d'avoir négligé mes dons et mes talents. Pourtant tu les as créés aussi magnifiquement que tu l'as fait avec moi. Je te remercie de tant m'aimer. Seigneur... Montre-moi comment tu m'aimes, pas combien tu m'aimes, car je sais que tu as donné ton Fils, Jésus, pour moi. Mais montre-moi vraiment comment tu m'aimes, car je sais que je suis unique.*

Merci, Seigneur pour ta patience, merci pour ta bonté. Envoie des gens pour me former concernant mon appel, dirige-moi vers les formations, entraînements, coaches ou autres ressources dont j'ai besoin. Je suis prête maintenant, car le temps file et je ne veux plus rester là, à vivre cette vie

sans saveur. Je veux cette vie excitante et en abondance dont tu parles, permets-la-moi, je sais que c'est ton désir et je me tiens là, devant toi, prête et humble. Seigneur me voici prépare-moi et envoie-moi.
Dans le nom de Jésus,

Amen ».

Maintenant, déclare :

« *Moi, ton nom, je déclare être plus forte que la résistance et le prince de ce monde, non par ma force ni mes aptitudes, mais par l'Esprit de Christ qui vit en moi. Dans le nom de Jésus, je me lève maintenant et déclare que je me structure avec des actions et stratégies claires et sages, que je m'entoure de personnes positives, édifiantes et pouvant m'aider à avancer. Je m'engage à me respecter et m'aimer en actes et en paroles. J'ai conscience que je dois être patiente avec moi-même, car cela est un processus. Je vais m'engager auprès de personnes plus fortes que moi afin qu'elles me surveillent, m'encouragent et m'équipent pour la prochaine étape, tant dans la préparation de mon appel que pour entrer dans ma destinée. Je me promets de rester humble et enseignable.*
Dans le nom de Jésus,

Amen ».

Besoin d'aide ?

Le temps est venu de nous quitter. Mais peut-être as-tu réalisé des choses et tu ne sais pas comment passer au travers ? Peut-être as-tu besoin d'un coup de main pour y arriver ?
Que cela soit concernant le renouvellement ou l'approfondissement de ton identité, l'atteinte de tes objectifs, mais surtout pour t'aider à entrer dans ton appel, ta destinée, je suis là.
Diplômée en psychologie, en création d'entreprises en ligne et avec plus de 10 ans d'expérience en leadership au sein de notre équipe pastorale, j'aide les femmes chrétiennes à marcher dans leur destinée afin qu'elles embrassent et accomplissent ce pour quoi elles sont faites.

Que cela soit via du coaching personnalisé, des produits, audios, programmes ou dévotions, je m'engage à faire de toi une gagnante.

http://lesliepasserino.com

ES-TU PRÊTE À ENTER DANS TON APPEL ?

ÇA COMMENCE DÈS MAINTENANT

À propos de l'auteur

En affaires depuis plus de 12 ans, Leslie Passerino est une passionnée, médiapreneure (100% sur le web), multipreneure (plusieurs entreprises), elle est établie au Québec (Canada) avec sa famille depuis 2001 et est diplômée en psychologie (France), en business et marketing (USA) ainsi qu'en entrepreneuriat (Canada), et Biblical Leadership Ministry (DFH, USA).

Son approche est authentique, passionnée et drôle, mais surtout profondément centrée sur les vérités bibliques avec une application pratique. Sa mission est d'activer les talents des femmes qu'elle rencontre, de leur permettre de vivre une plus grande intimité avec Christ. Elle les guide dans le renouvellement et l'approfondissement de leur identité.

Son engagement est de les équiper afin qu'elles entrent victorieusement dans leur appel et leur destinée.

Coach et conférencière spécialisée en gestion d'équilibre de vie, leadership féminin chrétien et marketing sophistiqué, c'est une activatrice de talents, un véritable catalyseur de changement.

Depuis 2016, elle est certifiée pour œuvrer auprès des couples chrétiens. Leur permettant ainsi d'avoir un mariage passionné, équilibré, mais surtout conforme au cœur de Dieu.

Ministre de danse liturgique certifiée, elle aide les âmes à reconnecter au St-Esprit au travers du mouvement. Via cet outil, qu'est la danse prophétique, les enfants de Dieu trouvent la guérison, la restauration et la liberté en Christ.

http://lesliepasserino.com

Bibliographie

1 La Bible avait raison, Tome 1, Professeur Joseph Davidovits, éditions. Jean-Cyrille Godefroy, Paris, 2005.
ISBN : 2 86553 182 1.

1 De cette fresque naquit la Bible, Professeur Joseph Davidovits, éditions Jean-Cyrile Godefroy, Paris, 2009. ISBN 978-2-86553-216-2).

2 William Moulton Marston, créateur du DISC et de... Wonder Woman.

www.ingramcontent.com/pod-product-compliance
Lightning Source LLC
LaVergne TN
LVHW051705080426
835511LV00017B/2733

* 9 7 8 2 9 8 1 6 4 7 8 0 1 *